AF380987

LA GUERRE DU KIPPOUR

Le conflit israélo-arabe
à l'origine du premier choc pétrolier

Par Audrey Schul
Sous la direction de Thomas Jacquemin

50MINUTES.fr

LA GUERRE DU KIPPOUR

- 9 -

INTRODUCTION

La guerre du Yom Kippour est le quatrième conflit armé opposant Israël à des pays arabes, à savoir l'Égypte et la Syrie, qui aura pour conséquence le choc pétrolier de 1973.

Le 6 octobre 1973, jour du Yom Kippour pour les juifs (fête du Grand Pardon), les Égyptiens et les Syriens mènent une attaque armée dans la péninsule du Sinaï et sur le plateau du Golan. Appartenant tout d'abord à l'Égypte et à la Syrie, ces territoires avaient été conquis par les Israéliens lors de la guerre des Six Jours en 1967. Alors que l'effectif militaire israélien est inférieur à celui de ses adversaires, celui-ci parvient à avancer progressivement en Syrie et à traverser le canal de Suez pour enfin atteindre le Sud et l'Ouest de l'Égypte. Un cessez-le-feu est alors décrété par le Conseil de sécurité des Nations unies en coopération avec l'URSS et les États-Unis pour faire place aux négociations. Un plan de paix est alors convenu. Or, les Israéliens, ne souhaitant pas être interrompus dans leur progression, utilisent cette trêve pour poursuivre leur conquête, suscitant de nouveaux débats. Une nouvelle négociation de paix s'ouvre alors et aboutit à la normalisation des relations entre Israël et l'Égypte. Cette négociation se conclut en 1978 par les accords de Camp David, qui précisent qu'en échange du respect de la paix envers Israël, l'Égypte récupérera la péninsule du Sinaï. La frontière entre les deux pays est donc à nouveau ouverte.

DONNÉES-CLÉS

- **Quand ?** Du 6 au 26 octobre 1973
- **Où ?** Sur les rives du canal de Suez, la péninsule du Sinaï et le plateau de Golan (région du Sud-Ouest de la Syrie) ainsi que dans les régions avoisinantes
- **Contexte ?** Le conflit israélo-arabe
- **Belligérants ?** Israël contre l'Égypte et la Syrie soutenus par le Maroc, l'Arabie saoudite, la Jordanie et l'Irak
- **Acteurs principaux ?**
  - Golda Meir, Premier ministre israélien (1898-1978)
  - Anouar el-Sadate, président égyptien (1918-1981)
- **Issue ?** Victoire israélienne
- **Victimes ?**
  - Camp arabe (Jordanie, Irak, Syrie et Égypte) : 9 500 morts et 19 850 blessés
  - Camp israélien : 3 020 morts et 8 135 blessés

CONTEXTE POLITIQUE ET SOCIAL

CRISES AU MOYEN-ORIENT

Depuis la création de l'État d'Israël en mai 1948, les relations entre ce pays et les États voisins du Moyen-Orient sont tendues. La situation ne s'arrange guère durant les années 1960-1970. En effet, lors de la guerre des Six Jours en 1967, l'armée israélienne se montre très hostile face à l'Égypte, à la Syrie et à la Jordanie auxquelles elle prend certains territoires : la bande de Gaza et la péninsule du Sinaï à l'Égypte, le plateau de Golan à la Syrie et enfin la Cisjordanie et Jérusalem-Est à la Jordanie. Suite à cela, les pays arabes adoptent la résolution de Khartoum en septembre 1967, qui propose :

- une lutte permanente contre Israël pour reconquérir les territoires perdus pendant la guerre ;
- l'utilisation du pétrole arabe et son extraction comme arme diplomatique ;

- une solidarité et une collaboration militaire entre les pays arabes ;
- la défense des droits du peuple palestinien ;
- une aide économique pour l'Égypte et la Jordanie.

Elle est également appelée résolution des trois « non », car dans son troisième paragraphe, elle se montre contre Israël et dit :

- non à la paix avec Israël ;
- non à la reconnaissance d'Israël ;
- non à la négociation avec Israël.

israélienne. Par cette victoire, la superficie de l'État hébreu s'agrandit.

Quelques mois plus tard, la résolution 242 des Nations unies exige l'instauration d'une paix durable au Proche-Orient, le retrait des Israéliens sur les territoires occupés ainsi que la reconnaissance par les pays arabes de l'État hébreu. Alors que du côté égyptien, Anouar el-Sadate accepte les principes de paix, Israël refuse de se retirer. Les négociations sont dès lors bloquées et un statu quo s'installe.

Cherchant des alliés dans la région du Proche-Orient afin d'acquérir de l'influence sur un territoire jugé stratégique, les Soviétiques décident de venir en aide aux Égyptiens et signent un traité de paix et de coopération. Ainsi, l'Union soviétique s'engage à fournir de l'armement à l'Égypte et reçoit en échange l'assurance de pouvoir conserver sa tête de pont dans le territoire égyptien. Par la même occasion, les dirigeants soviétiques s'assurent de la fidélité égyptienne. Mais pour l'Égypte, les choses sont différentes. Par ce traité d'amitié, le président compte sur l'aide accrue de son allié soviétique et lui demande des armes hautement perfectionnées pour vaincre Israël et se venger de l'affront subi en 1967. Mais l'URSS ne lui livre que des armes défensives et non offensives.

Parallèlement, en 1967, au cours d'importantes négociations, les États-Unis s'engagent à soutenir Israël politiquement, économiquement et militairement afin de mettre un terme aux conflits du Proche-Orient. Ainsi, les États-Unis montrent leur volonté de faire reconnaître l'État hébreu afin que la résolution 242 entre en vigueur. Cela leur permettrait de faire en sorte qu'Israël vive en paix dans la région sans compromettre leurs intérêts économiques.

LES PRÉPARATIFS DE LA GUERRE

L'Égypte accepte bien évidemment l'aide de l'Union soviétique puisqu'il lui est impossible de partir au combat sans recevoir une aide militaire extérieure. Mais, en juillet 1972, les relations entre les deux États s'assombrissent suite à la volonté de l'URSS de maintenir un statu quo au Proche-Orient. Dès lors, Anouar el-Sadate considère la présence soviétique comme une entrave à sa liberté d'action. De plus l'Union soviétique refuse de lui livrer certains types d'armement. Ces deux raisons motivent sa décision de renvoyer les conseillers soviétiques présents sur son territoire. Même si les pourparlers reprennent entre le Caire et Moscou quelques mois plus tard, la situation reste tendue. Anouar el-Sadate reste en effet intransigeant et renouvelle sa demande d'armes offensives. Craignant de mettre à mal l'esprit de détente internationale, les dirigeants soviétiques décident de lui livrer des missiles à la place des armes demandées. De cette manière, sans satisfaire les exigences du président égyptien, l'URSS continue d'aider militairement le pays, tout en s'opposant à une action militaire.

Toutefois, Anouar el-Sadate prend peu à peu conscience qu'aucune des deux grandes puissances n'est favorable à un changement des rapports de force dans la région et qu'elles sont au contraire enclines à trouver une solution politique et non militaire. Cela s'éloigne donc fortement de ses ambitions, lui qui souhaite former une importante force militaire pour que chaque pays arabe proche de l'État hébreu puisse mieux se défendre. Dans ce but, l'Égypte reçoit une assistance financière de la part de l'Arabie saoudite, l'un des principaux États en confrontation avec Israël. Enfin, l'Égypte bénéficie d'une aide indirecte de la Jordanie, qui ne s'engage pas ouvertement, mais participe à l'offensive contre l'ennemi par des menaces répétées, celles-ci mettant les forces israéliennes en état d'alerte permanent et les empêchant de se concentrer sur les fronts syrien et égyptien.

En Syrie, l'avènement du nouveau président Hafez el-Assad (1930-2000) en novembre 1970 sème la discorde dans les relations entre les deux pays. Toutefois, le nouveau président syrien établit une coopération militaire entre son pays, l'Égypte, l'Irak et plus tard la Jordanie au cas où un conflit venait à éclater avec Israël. Le chef d'État se montre en effet intransigeant en politique extérieure et refuse toute tentative de paix avec l'État hébreu. Il reçoit également l'aide de l'URSS, ce qui pousse le président égyptien à conserver avec lui de bonnes relations diplomatiques. Mais, considérant les autres pays arabes comme des conservateurs qui ne participent pas pleinement à la lutte contre l'impérialisme dans la région, il refuse les positions qu'ils ont prises durant la conférence de Khartoum, ce qui renforce son isolement au sein du monde arabe.

Malgré l'aide que ces pays apportent à l'Égypte, les États arabes restent désavantagés face à Israël, dont les progrès économiques et sociaux ainsi que le développement militaire suscitent la crainte. Les États arabes souhaitent par ailleurs se faire entendre sur le plan international et ont donc besoin d'une importante force politique ou économique. Or, ceux-ci possèdent dans leurs terres une grande quantité de pétrole. Ils décident donc de s'en servir en nationalisant les champs pétrolifères, faisant de cette matière une arme politique importante. Fort de ce trésor, ils décident de lever des embargos sur le pétrole dans les États défavorables aux thèses arabes et s'en servent comme moyen de pression pour obtenir des États-Unis qu'Israël restitue les territoires occupés depuis la guerre des Six Jours. S'ensuit une menace de réduction du taux de production, voire d'un gel du pétrole. Or les pays industrialisés, comme les États-Unis, le Japon et l'Europe occidentale, dépendent des matières énergétiques issues des pays arabes. Par conséquent, même si, politiquement, ces pays ont peu d'intérêts dans les revendications arabes puisqu'ils soutiennent la politique israélienne, ils sont malgré eux pris dans l'engrenage.

UNE ATTAQUE SURPRISE

Lorsque le conflit israélo-arabe éclate, on assiste sur la scène internationale à une période de détente. Alors qu'à Washington le secrétaire d'État Henry Kissinger (né en 1923) pense que la guerre n'aura pas lieu, les dirigeants israéliens se montrent plus méfiants face aux signes annonciateurs d'un probable combat armé, tels que le renforcement du contrôle des routes menant au canal de Suez, l'avertissement d'Anouar el-Sadate à l'égard de Yasser Arafat (homme politique palestinien, 1929-2004) concernant une interruption du cessez-le-feu, les préparatifs militaires des forces arabes situées le long du canal de Suez et dans les montagnes de Golan, etc. Les services secrets israéliens en déduisent qu'une attaque est probable, mais aucune force de défense n'est mobilisée parce que Golda Meir, le Premier ministre de l'État d'Israël, n'y croit pas vraiment. En effet, par le passé, l'Égypte et la Syrie avaient déjà mobilisé leurs hommes à de multiples reprises, sans jamais déclarer la guerre à Israël. De plus, la mobilisation des armées israéliennes serait perçue par les Arabes comme un acte d'agression et non d'autodéfense. Ainsi, en attaquant, Israël agirait contre l'esprit de détente, ce qui ne plairait pas aux États-Unis dont l'apport d'armes est pourtant capital.

À l'aube du 6 octobre 1973, Ashraf Marwan (1945-2007), un espion israélien – que certains pensent lié à l'Égypte –, avertit l'État hébreu que l'attaque égyptienne et syrienne est imminente : elle devrait avoir lieu avant le coucher du soleil. Il livre également l'ordre de bataille ainsi que le plan de traversée du canal mis au point par les Égyptiens et les Syriens. Golda Meir rassemble aussitôt ses principaux conseillers militaires et les dirigeants politiques concernés : Moshe Dayan (1915-1981), Yigal Allon (1918-1980) et Avraham Kidron. Mais ils parviennent difficilement à se mettre d'accord quant aux effectifs à engager. Alors que le général David Elazar (1925-1976) réclame une mobilisation totale – c'est-à-dire 200 000 hommes – et un combat préventif de la force aérienne, Moshe Dayan s'y oppose

et propose une mobilisation des forces nécessaires à la défense. Quelques heures plus tard,
le Conseil se décide pour une mobilisation des
réserves sur une grande échelle. Or Golda Meir
refuse toute attaque préventive : le débat entre
Elazar et Dayan est donc tranché. À 10 heures,
le Premier ministre informe les États-Unis que
le début de l'attaque est prévu dans l'après-midi
selon les services de renseignements et qu'Israël
ne lancera pas les hostilités.

ACTEURS PRINCIPAUX

GOLDA MEIR, PREMIER MINISTRE ISRAÉLIEN

Née à Kiev en 1898, Golda Meir est la première femme à devenir Premier ministre d'Israël.

En 1948, elle se trouve parmi les personnalités qui signent la déclaration de l'Indépendance de l'État d'Israël. Après avoir occupé le poste d'ambassadrice en URSS et celui de ministre du Travail de 1949 à 1956, elle devient ministre des Affaires étrangères dans le gouvernement de David Ben Gourion (homme politique israélien, 1886-1973). Ce dernier lui demande pour l'occasion de modifier son nom de famille (Mabovitch) en un nom hébreu, Meir signifiant « éclat brillant ».

En 1969, elle devient Premier ministre d'Israël. Son mandat est marqué par la victoire israé-lienne et l'étendue de ses conquêtes lors de la guerre des Six Jours. Malheureusement, en 1973, l'incapacité des services secrets israéliens à signaler correctement l'attaque arabe lors de la fête du Yom Kippour provoque un bouleversement politique capital. En effet, alors qu'un agent, Ashraf Marwan – dont on ignore encore aujourd'hui s'il travaillait également pour l'Égypte –, aurait prévenu le directeur du Mossad qu'une attaque imminente était possible, l'information n'a pas été transmise directement. Se sentant coupable de ne pas avoir déclenché d'attaque préventive, Golda Meir démissionne de son poste le 11 avril 1974 et laisse la place à Yitzhak Rabin (1922-1995). Surnommée la « grand-mère d'Israël », elle décède à Jérusalem en 1978.

ANOUAR EL-SADATE, HOMME D'ÉTAT ÉGYPTIEN

Né en Égypte en 1918, Anouar el-Sadate est élu président de la république arabe d'Égypte en 1970. Son prédécesseur, Gamal Abdel Nasser Hussein (1918-1970) avait déjà, avant lui, l'intention de détruire l'État hébreu. Désireux d'atteindre cet objectif, il met en place une stratégie qui consiste à reconstituer l'unité arabe mise à mal par la guerre des Six Jours pour être plus fort face à

Israël. Pour ce faire, Gamal Abdel Nasser Hussein décide de constituer une force économique et militaire égyptienne. À sa mort, Anouar el-Sadate lui succède. Contrairement à son prédécesseur qui menait une politique de défense de la cause arabe, le nouveau président égyptien sert avant tout les intérêts de l'Égypte en tant que nation.

En 1973, à côté de la Syrie, il lance les hostilités contre Israël pour tenter de reprendre le Sinaï, territoire perdu six ans plus tôt lors de la guerre des Six Jours. Même si son pays connaît la défaite sur le plan militaire et territorial au sortir de la guerre du Kippour, pour Anouar el-Sadate, l'honneur arabe perdu cette année-là est tout de même restauré.

En 1977, il est le premier dirigeant arabe à se rendre en Israël pour rencontrer le Premier ministre, Menahem Begin (1913-1992), afin de trouver un terrain d'entente. Mais nombre d'autorités arabes voient dans cette visite une provocation. L'année suivante, il participe à la signature des accords de Camp David pour la paix au Proche-Orient : l'unité arabe contre l'État hébreu est ainsi rompue. La même année, il reçoit le prix Nobel de la paix. En 1979, les accords de Camp David sont suivis du premier traité de paix entre l'Égypte et Israël.

Le 6 octobre 1981, le président Anouar el-Sadate est assassiné par des membres de l'armée appartenant au djihad égyptien qui refusaient l'accord passé avec Israël.

ANALYSE DE LA GUERRE

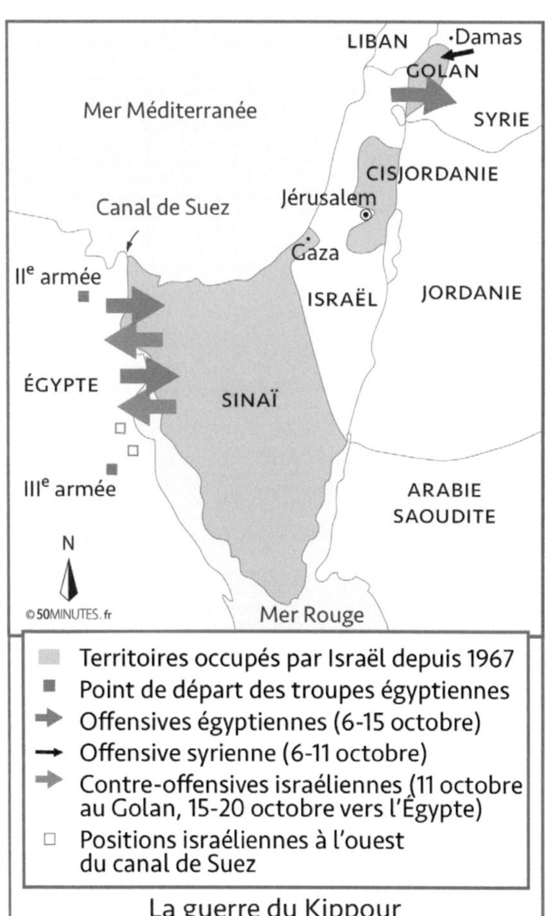

La guerre du Kippour

UNE GUERRE SUR DEUX FRONTS (DU 6 AU 9 OCTOBRE)

Les armées arabes (Syrie et Égypte) lancent l'offensive le 6 octobre 1973, jour du Yom Kippour pour les juifs, profitant du fait que les effectifs israéliens sont moins nombreux ce jour-là à cause de la fête religieuse. Dès le début, elles attaquent Israël sur deux fronts distincts :

- au Nord, les forces syriennes envahissent les montagnes du Golan ;
- au Sud, les forces égyptiennes pénètrent dans le Sinaï.

Ce sont donc deux zones stratégiques qui sont touchées. Si les territoires du Golan sont une région d'une importance capitale pour Israël, c'est parce qu'elle lui donne un accès à Damas, situé à seulement 48 kilomètres de la ligne de cessez-le-feu de 1967. En parvenant à atteindre la ville, Israël pourrait exclure les forces syriennes de la guerre. Mais l'attaque du Golan est devancée par un barrage d'artillerie qui débute à 11 h 58. Tout au long de la nuit, les forces syriennes poursuivent leur progression dans le Golan, leur but étant de prendre la plus grande partie du territoire afin d'obtenir le contrôle des sommets de la montagne. Le 7 octobre, Israël parvient à progressivement maîtriser la situation et, le soir, l'armée israélienne franchit la première ligne de défense syrienne et repousse leurs blindés. L'aviation syrienne est également mise à mal : les principaux aéroports sont bombardés et Damas est touchée. La riposte israélienne coûte donc très cher aux Syriens. Le 9 octobre, Israël parvient à repousser son ennemi derrière les lignes de cessez-le-feu de 1967.

Alors que sur le front du Golan, l'attaque syrienne se révèle hâtive, celle des Égyptiens se fait au contraire avec lenteur et assurance. L'offensive du Sinaï est calculée et préparée longtemps à l'avance. En effet, avant que n'éclatent les premiers heurts, l'Égypte a mis en place un système de défense aérienne grâce à l'installation de lanceurs SAM (missile tiré depuis le sol visant un objet aérien) et à l'artillerie anti-aérienne qui assure la défense des sites SAM dans la zone du canal de Suez. Elle a également construit une infrastructure permettant de lancer et de supporter une invasion au-delà du canal. De leur côté, les Israéliens construisent d'importantes lignes de fortification connues sous le nom de ligne Bar-Lev à l'est du canal. Une fois ces lignes fortifiées, l'*Israel Defence Force* ne déploie plus aucune arme de défense aérienne. L'Égypte a donc en sa possession une place en première ligne de front et un armement très sophistiqué alors qu'Israël s'appuie avant tout sur ses lignes de fortification.

Le 6 octobre, les forces égyptiennes lancent les hostilités. En quelques heures, elles se présentent sur la rive est et tous les postes de la première ligne israélienne sont soumis à d'importantes attaques. Les 7 et 8 octobre, l'Égypte continue sa percée dans le Sinaï. Israël lance alors une série de contre-attaques avec des bataillons non coordonnés qui s'efforcent de détruire un maximum de ponts placés par l'armée égyptienne sur le canal. Toutefois, les Égyptiens parviennent à la forteresse de la seconde ligne Bar-Lev le 9 octobre et prennent ainsi le contrôle de toute la rive du canal de Suez. Israël continue à se défendre, mais ne lance pas d'offensive à grande échelle.

À l'annonce du début du conflit, l'URSS et les États-Unis ne se montrent pas très favorables à cette situation. La reprise des hostilités au Moyen-Orient remet en effet en cause l'esprit de détente instauré entre les deux grandes puissances. Par conséquent, aucune d'entre elles ne désire soutenir ouvertement un allié car le risque d'étendre ce conflit régional à une confrontation plus générale est trop grand. C'est pourquoi, après avoir pris connaissance de l'aide apportée à la Syrie et à l'Égypte par Moscou, Washington choisit de ne pas leur en tenir rigueur pour que la situation ne s'envenime pas. Par ailleurs, les États-Unis décident de refuser toute aide militaire à Israël et de préserver la paix.

LA CONTRE-ATTAQUE ISRAÉLIENNE (DU 10 AU 13 OCTOBRE)

Après une période d'hésitation, les dirigeants israéliens tentent de maîtriser les opérations et, le 10 octobre, ils choisissent d'avancer plus encore sur le front Nord pour atteindre Damas sans nécessairement vouloir l'occuper. Sur le front Sud, le gouvernement israélien décide de préparer les forces pour une attaque à travers le canal, qui est volontairement retardée afin de laisser l'armée égyptienne se disperser et s'affaiblir. Parallèlement, ils concentrent leurs efforts sur la mobilisation de leurs forces aériennes, considérées comme étant l'une des meilleures au monde. Toutefois, les dispositifs SAM syriens et égyptiens s'avèrent plus efficaces au combat que leurs propres systèmes. Dès lors, puisqu'ils ne parviennent pas à détruire l'aviation syrienne et égyptienne au sol, les Israéliens sont forcés de porter les combats dans les airs où ils possèdent tout de même une certaine supériorité. Les cibles stratégiques et économiques, comme la ville de Damas, sont les premières touchées. Au terme de la journée du 10 octobre, les Israéliens contrôlent l'espace aérien de la Syrie. Prise de panique, celle-ci lance un appel aux autres pays arabes (l'Irak, le Koweït et le Maroc) afin d'obtenir des aides militaires, qui arrivent le lendemain. Mais, malgré ces renforts, Israël continue sa progression.

Le 11 octobre, Israël lance une offensive générale et pénètre d'environ 9,5 kilomètres dans le plateau syrien. Alors que les pertes syriennes deviennent de plus en plus importantes, le pays s'affaiblit progressivement et parvient difficilement à repousser ses adversaires. Conscients du danger qu'une telle percée engendre, les pays arabes (l'Irak, le Maroc, la Jordanie et l'Arabie saoudite) renforcent leur aide militaire afin de protéger Damas et de bloquer dans les plus brefs délais l'avancée des forces israéliennes.

Au Sud, la situation au Sinaï est relativement calme. Aucun affrontement de grande envergure n'est signalé. Les Égyptiens consolident lentement leur position le long de la bande qu'ils occupent à l'est du canal et, le 13 octobre, les blindés égyptiens traversent le canal de Suez. Cette manœuvre oblige les Israéliens à déplacer certains effectifs vers le front Sud pour ainsi décharger le front syrien.

Après cette deuxième semaine d'hostilités, les États-Unis demandent une nouvelle fois un cessez-le-feu, qui échoue parce que les deux grandes puissances ne parviennent pas à s'accorder quant à la manière d'obtenir une paix définitive. Par la suite, les dirigeants politiques américains décident de soutenir ouvertement Israël en lui fournissant une aide militaire. La politique soviétique, quant à elle, est plus nuancée car elle oscille entre le respect de ses intérêts internationaux (l'accord avec les États-Unis) et de ses intérêts supranationaux (garder les Arabes comme alliés au Moyen-Orient). Le 12 octobre, les négociations reprennent avec l'Union soviétique. Alors que le gouvernement israélien se montre favorable à la nouvelle trêve proposée, la diplomatie échoue car le président Anouar el-Sadate refuse la proposition à moins d'obtenir d'Israël le retrait de tous les territoires occupés depuis 1967.

UNE ÉVOLUTION DIPLOMATIQUE (DU 14 AU 22 OCTOBRE)

À partir du 14 octobre, la situation demeure la même sur le front du Golan alors qu'a lieu l'offensive israélienne sur le front du Sinaï.

Le 15 octobre, les Israéliens poursuivent leur progression et atteignent le village de Sassa, situé non loin de Damas. Face à eux, les Syriens se montrent de plus en plus affaiblis et déplorent des pertes matérielles importantes : la moitié de l'aviation et la majorité des blindés ont été détruites. Mais l'armée syrienne garde espoir grâce aux différentes lignes de défense qui barrent la route de Damas, à la densité des fortifications et aux imposants barrages d'artillerie, qui ralentissent la progression israélienne. Toutefois, ils ne peuvent plus lancer de contre-offensive en raison des dégâts subis. Leur stratégie se révèle payante et les Israéliens ne réussissent pas à détruire la dernière ligne de défense devant Damas.

Le 14 octobre, l'Égypte lance une offensive massive en envoyant deux divisions armées à l'est du canal de Suez. Son plan consiste en une attaque frontale qui a pour but de prendre certains territoires pour augmenter sa marge de manœuvre à l'est du canal. L'*Egyptian Air Force* participe à cette première attaque au sol, mais l'opération se solde par un échec. La victoire d'Israël sur le Sinaï démontre d'une part que la tactique militaire israélienne est au point, d'autre part que l'armée égyptienne est très vulnérable quand elle agit hors de son enveloppe de défense aérienne. Le lendemain, les Israéliens rejoignent le canal et le 16 octobre, Israël étend sa pénétration : les troupes traversent le canal grâce à leur propre pont de bateaux. Aussitôt, les forces israéliennes se dirigent vers le Nord afin de détruire les emplacements de missiles anti-aériens, pour mettre à mal la défense égyptienne. Pendant ce temps, l'Égypte est forcée de rappeler des unités armées de l'est du canal pour arrêter la progression israélienne à l'Ouest. Une fois parvenus à l'Ouest, les Israéliens se dirigent vers le Sud à la rencontre d'une force égyptienne toujours plus faible.

Le 22 octobre, au moment du cessez-le-feu demandé par les Nations unies, les positions israéliennes les plus avancées bloquent la route qui mène du Caire à la ville de Suez. Leur force armée se révèle très efficace et les Israéliens acquièrent au fil des jours de nouvelles tactiques militaires.

Constatant les succès militaires israéliens réalisés sur le territoire égyptien, les grandes puissances entament d'importantes manœuvres diplomatiques afin d'obtenir le plus rapidement possible un cessez-le-feu. L'URSS et les États-Unis ne veulent pas qu'Israël inflige une nouvelle défaite aux pays arabes, ce qui provoquerait une réduction considérable de la production pétrolière en signe de représailles contre l'attitude israélienne. Alors que, pendant les dix premiers jours du conflit, les déclarations des deux grandes puissances étaient très ambiguës, leurs positions se clarifient subitement le 16 octobre. Cela n'améliore toutefois pas la situation puisque, le 19 octobre, Israël continue sa progression en Égypte, qui devient de plus en plus vulnérable. Dès lors, les diplomates américains et soviétiques s'accordent sur la nécessité d'un cessez-le-feu immédiat car une escalade de la violence est de plus en plus imminente. Le Conseil de sécurité se réunit donc le 22 octobre 1973 et instaure un nouveau plan de paix appelée la résolution 338.

RUPTURE DU CESSEZ-LE-FEU (DU 23 AU 26 OCTOBRE)

Quelques heures après l'ordre de trêve, les Israéliens, qui ne supportent pas d'avoir été interrompus alors qu'ils étaient en position de force, décident d'améliorer leurs positions. Le 23 octobre, ils encerclent la IIIe armée égyptienne sur la rive est du canal et s'emparent de 20 000 hommes et de 2 000 chars. Pour faire face à cette offensive israélienne, le président Anouar el-Sadate lance un appel à l'Union soviétique pour obtenir de l'aide qui la lui accorde pour ne pas perdre son allié. Aux États-Unis, l'attaque israélienne est mal vue parce qu'elle compromet le processus de négociations entamé entre les Américains et les Soviétiques. Les États-Unis exercent donc une forte pression sur le gouvernement israélien pour que ce dernier respecte le cessez-le-feu. Si Israël parvient à détruire la IIIe armée égyptienne, toute diplomatie américaine au Proche-Orient s'effondrera.

Alors qu'une nouvelle proposition de cessez-le-feu est présentée par le secrétaire d'État américain Henry Kissinger et par le diplomate soviétique Anatoli Fiodorovitch Dobrynine (1919-2010) à l'Égypte, Anouar el-Sadate refuse de signer l'accord de paix tant que la sécurité de sa IIIe armée n'est pas garantie par les deux grandes puissances. Le Conseil de sécurité présente alors un nouveau plan de paix qui propose de confier la mission de surveillance non plus aux grandes puissances, mais à une force d'urgence des Nations unies. Le 24 octobre, un premier groupe se rend sur le terrain pour surveiller les mouvements des troupes. Dans la soirée, le groupe rencontre les unités israéliennes et plante le drapeau des Nations unies dans le sol, posant ainsi le point de frontière entre les deux armées. Le 25 octobre, un état d'alerte est lancé par Henry Kissinger parce que les forces israéliennes continuent d'attaquer l'Égypte malgré le cessez-le-feu déclenchant ainsi la colère des Soviétiques. Ces derniers décident alors d'envoyer des troupes au Proche-Orient pour faire respecter le plan de paix. Dès lors, pour empêcher toute intervention soviétique dans les pays arabes, les dirigeants américains menacent l'URSS d'avoir recours à l'arme nucléaire s'il le faut. Face à l'attitude ferme d'Henry Kissinger et à la peur d'être entraîné dans une guerre nucléaire, Moscou renonce à son intervention, qui n'était en réalité qu'un signal adressé aux États-Unis et à Israël pour obtenir l'arrêt des hostilités. Très rapidement les deux grandes puissances décrètent la fin des hostilités au Proche-Orient, et le 26 octobre, les attaques cessent de part et d'autre des frontières israélo-arabes. Le calme revient après 20 jours de combat, mettant fin à la guerre du Kippour. Au total, les Israéliens déplorent la perte de 3 020 hommes et comptent 8 135 blessés, tandis que le camp arabe (Syrie, Égypte, Jordanie et Irak) dénombre 9 500 morts et 19 850 blessés. Même si les hostilités sont bel et bien terminées sur le terrain, la crise est loin d'être réglée.

RÉPERCUSSIONS DE LA GUERRE

PREMIÈRES NÉGOCIATIONS

Alors que les combats ont cessé, la IIIe armée égyptienne est toujours coincée dans le Sinaï, ce que l'Égypte ne tolère pas. Il convient donc d'arranger la situation. Pour ce faire, Henry Kissinger tente d'harmoniser les politiques israélienne et égyptienne, et, pour calmer la situation, le secrétaire d'État américain demande à l'État d'Israël d'assurer le ravitaillement de la IIIe armée et au président égyptien de faire preuve de patience et de modération. Faire appel à l'URSS n'arrangerait guère la situation car l'avenir de la crise se situe entre les mains des Israéliens. À ce stade, il est important de souligner le fait que, si pendant le conflit, les principales discussions se déroulaient entre Washington et Moscou, à partir de la fin du mois d'octobre, les négociations se font désormais à Jérusalem et dans les capitales arabes.

Pourtant sortis vainqueurs du conflit, les dirigeants israéliens se montrent rapidement désemparés par la situation dans laquelle ils se trouvent. Même si la victoire est leur, ils constatent que les données politiques et diplomatiques ont fortement changé :

- les relations entre Israël et les pays arabes se sont transformées. En effet, Israël ne peut plus imposer sa politique, il lui faut désormais négocier ;
- l'implication des États-Unis et de l'URSS accroît le sentiment qu'il est urgent d'adopter une politique plus flexible à l'égard des pays arabes ;
- la défaite des Arabes est relative. Ils perdent militairement, mais s'affirment sur le plan politique grâce à l'utilisation du pétrole comme arme.

Les Israéliens n'ont donc plus la confiance qu'ils avaient acquise au lendemain de la guerre des Six Jours. S'ils prennent conscience qu'il faut négocier avec les pays arabes, ils se rétractent quand il s'agit de faire des concessions. Alors qu'Henry Kissinger tente d'obtenir rapidement un accord de paix entre l'Égypte et Israël,

Golda Meir hésite quant aux propositions de ravitaillement de la IIIᵉ armée. Le secrétaire d'État américain la menace alors de réduire l'aide économique et politique accordée aux Israéliens, et, après de longues discussions, le Premier ministre israélien cède. Il reste désormais à définir l'État qui surveillera le libre passage vers la IIIᵉ armée. Si Israël décide d'en prendre l'initiative, Henry Kissinger avait déjà proposé à l'Égypte de lui confier la tâche ou de mettre la zone sous la surveillance de l'ONU. Le plan de paix proposé par Henry Kissinger ne convient donc toujours pas à Israël.

Du côté égyptien, Anouar el-Sadate se montre conciliant et laisse entrevoir son intention de trouver rapidement un accord. Lorsqu'Henry Kissinger lui annonce que les Israéliens ont refusé de céder le contrôle du corridor, le président égyptien, déçu, finit par accepter les conditions posées par Israël. Satisfait de la politique conciliante d'Anouar el-Sadate, le secrétaire d'État américain propose de rétablir les relations entre l'Égypte et les États-Unis. Ce rapprochement a un impact direct sur Israël, qui, quelques jours plus tard, accepte que le corridor destiné à ravitailler la IIIe armée soit contrôlé par les forces des Nations unies. Ce changement d'attitude témoigne de la peur qu'éprouve Israël de perdre les Américains à cause de la reprise des relations diplomatiques que ceux-ci entretiennent avec l'Égypte. Le 11 novembre 1973, le premier accord dit « des six points » entre l'Égypte et Israël est enfin signé. Il consiste en :

- un retrait des territoires occupés ;
- la mise en place des frontières reconnues ;
- la création de zones dématérialisées ;
- la reconnaissance des frontières par les autres pays arabes, mais également par les États-Unis et l'Union soviétique ;
- la reconnaissance des droits légitimes des Palestiniens ;
- la reconnaissance des lieux saints de Jérusalem comme revêtant un caractère sacré pour les trois religions.

Les belligérants se rencontrent au kilomètre 101 de la route Le Caire-Suez pour signer l'accord des six points, mais les négociations entre l'Égypte et les pays arabes sont partielles. Les accords qui en découlent sont les résultats à la fois de la diplomatie américaine très intense et de la politique flexible du président égyptien Anouar el-Sadate. Le 21 décembre 1973, de nouvelles négociations se déroulent à Genève, mais elles échouent : au début de l'année 1974, la politique du Moyen-Orient se trouve à nouveau compromise.

LES ACCORDS DE CAMP DAVID (1978)

La guerre du Kippour provoque un électrochoc en Israël. L'invincibilité de l'armée et l'infaillibilité des services de renseignements sont remises en cause. Bien que possédant toutes les informations nécessaires précisant qu'une attaque arabe était imminente, les responsables israéliens des services de renseignements ont commis des erreurs d'interprétation, qui ont été intensifiées par des dysfonctionnements internes, et n'ont donc pas pu les exploiter correctement. Par ailleurs, sur le plan opérationnel, les Israéliens n'ont pas respecté les règles de l'art de la guerre comme l'économie des forces et la concentration des moyens, utilisant l'aviation et les chars de manière peu rationnelle.

Suite à ces erreurs, Golda Meir pose sa démission en avril 1974. Elle est remplacée par Yitzhak Rabin, dont le gouvernement sera mis à mal par de multiples scandales. Obligé d'anticiper de nouvelles élections, Menahem Begin devient alors Premier ministre d'Israël. Mais ces événements ralentissent les nouvelles négociations de paix. C'est pourquoi le président égyptien, ayant hâte de conclure un accord, décide de se rendre en personne en Israël. Anouar el-Sadate devient par cette décision le premier dirigeant arabe à reconnaître l'existence d'Israël en tant qu'État. En 1978, le président américain Jimmy Carter (né en 1924) réunit Anouar el-Sadate et Menahem Begin à un sommet à Camp David. Les discussions durent plus de dix jours et aboutissent à un traité de paix israélo-égyptien. Toutefois, la signature de la trêve suscite nombre de mécontentements dans la communauté arabe qui n'hésite pas à exclure l'Égypte de la ligue arabe. En 1981, Anouar el-Sadate est assassiné par des membres de l'armée désapprouvant la paix avec Israël.

Même si la victoire militaire revient à l'État hébreu, ce conflit confère aux Arabes un succès symbolique. En utilisant le pétrole comme arme et en exaltant les confrontations entre les deux grandes puissances, ces derniers ont réussi à donner un caractère mondial à cette crise, attribuant ainsi une nouvelle dynamique à la lutte israélo-arabe. La solidarité entre les pays arabes réunis face à Israël est enfin retrouvée, ce qui représente une grande victoire pour eux.

UN CONFLIT À LA POINTE DE LA TECHNOLOGIE

De par la haute technologie de l'armement utilisé, la guerre du Kippour demeure le premier conflit mécanisé de haute intensité depuis la fin de la Seconde Guerre mondiale (1939-1945). Outre le fait qu'il démontre l'importance du renseignement pour contrer une attaque surprise, ce conflit israélo-arabe a également été l'occasion d'essayer diverses armes jamais testées sur un champ de bataille. Cette haute technologie a eu de grandes influences sur le déroulement du conflit. Malgré cela, l'importance du facteur humain dans la conduite d'une bataille a été une nouvelle fois prouvée.

EN RÉSUMÉ

1967

5-10 juin : Guerre des Six Jours

1er sept. : Résolution de Khartoum

1973

6 oct. : **Début de la guerre du Kippour**

22 oct. : Résolution 338 des Nations unies

26 oct. : **Fin de la guerre du Kippour**

11 nov. : Accord des six points

1974

11 avril : Démission de Golda Meir

17 sept. : Signature des accords de Camp David

- Suite à la victoire israélienne contre l'Égypte, la Syrie et la Jordanie lors de la guerre des Six Jours, la résolution de Khartoum est signée afin de définir une ligne de conduite commune entre les pays arabes.

- Le 6 octobre 1973, les armées arabes attaquent les Israéliens le jour du Yom Kippour dans la péninsule du Sinaï et sur le plateau du Golan, territoires respectivement égyptien et syrien occupés par Israël depuis la guerre des Six Jours.

- Le 9 octobre 1973, Israël parvient à repousser les attaques syriennes, mais reste hésitant envers l'Égypte, qui continue sa percée et qui contrôle désormais toute la rive du canal de Suez.

- La situation des États-Unis et de l'URSS est difficile : ils ne veulent pas d'un affrontement direct qui mettrait en péril le processus de détente, mais veulent garder leurs zones d'influence respectives au Proche-Orient. Les États-Unis finissent par se rapprocher de l'Égypte pour forcer Israël à cesser le feu, tandis que l'URSS fournit une partie – mais pas la totalité – des armes que lui demandaient les pays arabes.

- Le 10 octobre 1973, une première tentative de cessez-le-feu est lancée, mais elle n'aboutit à rien. Les deux grandes puissances sont en désaccord sur la manière d'obtenir une paix définitive. Deux jours plus tard, de nouvelles négociations sont mises en place. Si Israël accepte, le président égyptien refuse sauf si Israël accepte de se retirer de tous les territoires occupés depuis 1967.

- Le 14 octobre 1973, l'armée israélienne remporte la victoire dans le Sinaï et atteint le canal de Suez dès le lendemain.

- Le 19 octobre 1973, alors que l'avancée israélienne se précise, les États-Unis et l'URSS s'accordent sur la nécessité d'un cessez-le-feu immédiat, craignant qu'Israël inflige une nouvelle défaite aux pays arabes, ce qui provoquerait une réduction considérable de la production pétrolière.

- Le 22 octobre 1973, le Conseil de sécurité des Nations unies se réunit et instaure un nouveau plan de paix : la résolution 338. Les belligérants sont sommés de mettre fin à toute activité militaire pour pouvoir entamer des négociations en vue d'instaurer une paix durable.

- Mais, vexée d'avoir été interrompue dans sa progression, l'armée israélienne rompt le cessez-le-feu et encercle la IIIe armée égyptienne sur la rive est du canal. Une nouvelle proposition de cessez-le-feu est ensuite mise sur la table. Mais Anouar el-Sadate refuse de signer l'accord de paix tant que la sécurité de son armée n'est pas garantie par les deux grandes puissances. Le Conseil de sécurité y pourvoit en envoyant une force d'urgence des Nations unies sur le terrain.

- Le 26 octobre 1973, tout combat cesse de part et d'autre des frontières israélo-arabes. C'est la fin de la guerre du Kippour.

Votre avis nous intéresse !
Laissez un commentaire sur le site de votre
librairie en ligne et partagez vos coups de cœur sur
les réseaux sociaux !

POUR ALLER PLUS LOIN

SOURCES BIBLIOGRAPHIQUES

- DECKER (Alain) et NICOLAS (Bernard), *Kilomètre 101. De la guerre du « Yom Kippour » à la Conférence de Genève*, Édition des Archers, Bruxelles, 1973.

- « Guerre du Kippour », sur *L'Encyclopédie Universalis*, consulté le 5 et le 19 septembre 2013. http://www.universalis.fr/encyclopedie/guerre-du-kippour

- « Guerre du Kippour », *in Atlas historique du monde*, Toulouse, Édition Parragon, 2005.

- HEYMANS (Christine), *Le quatrième conflit israélo-arabe. La guerre du Kippour*, Louvain-la-Neuve, s. éd., 1982.

- « Kippour », sur *L'Encyclopédie Universalis*, consulté le 5 et le 19 septembre 2013. http://www.universalis.fr/recherche/?q=Kippour&btn_recherche=

- LAQUEUR (Walter), *La vraie guerre du Kippour*, Paris, Calmann-Lévy, 1974.

- MICHAL (Bernard), Les guerres israélo-arabes, Genève, Éditions Famot, 1975.

- MICHEL (Alain), *Racines d'Israël. 1948 : une plongée dans 3 000 ans d'histoire*, Paris, Autrement, coll. « Mémoires », 1998.

- MIREL (Pierre), *L'Égypte des ruptures. L'ère Sadate, de Nasser à Moubarak*, Paris, Édition Sindbad, 1982.

- PORAT (Ben), GUEFFEN (Jonathan), DAN (Uri) *et alii*, *Kippour*, Paris, Hachette, 1974.

- RAZOUX (Pierre), *La guerre des Six Jours (5-10 juin 1967). Du mythe à la réalité*, Paris, Economica, 2004.

- RAZOUX (Pierre), *La guerre du Kippour d'octobre 1973*, Paris, Economica, 1999.

SOURCES COMPLÉMENTAIRES

- MEIR (Golda), Ma vie, Paris, Robert Laffont, 1975.

- SCHATTNER (Marius) et SCHILLO (Frédérique), La guerre du Kippour n'aura pas lieu, Waterloo, André Versailles, 2013.

DOCUMENTAIRES

- *Israël et les Arabes. 1948-2005*, documentaire de Norma Percy et Brian Lapping, 2006.

- *Kippour*, documentaire d'Amos Gitai, 1996.